BEI GRIN MACHT SICH IHR WISSEN BEZAHLT

Erstellung eines individuellen Trainingsplans. Verbesserung der Ausdauer und des Wohlbefindens

Elisabeth Bohn

Bibliografische Information der Deutschen Nationalbibliothek:

Die Deutsche Nationalbibliothek verzeichnet diese Publikation in der Deutschen Nationalbibliografie; detaillierte bibliografische Daten sind im Internet über http://dnb.d-nb.de abrufbar.

ISBN: 9783346397362
Dieses Buch ist auch als E-Book erhältlich.

Druck und Bindung: Books on Demand GmbH, Norderstedt Germany
Gedruckt auf säurefreiem Papier aus verantwortungsvollen Quellen

Das vorliegende Werk wurde sorgfältig erarbeitet. Dennoch übernehmen Autoren und Verlag für die Richtigkeit von Angaben, Hinweisen, Links und Ratschlägen sowie eventuelle Druckfehler keine Haftung.

Das Buch bei GRIN: https://www.grin.com/document/1009535

Deutsche Hochschule für
Prävention und Gesundheitsmanagement
Hermann Neuberger Sportschule 3
66123 Saarbrücken

Einsendeaufgabe

Fachmodul: Trainingslehre 2

Studiengang: BoA Fitnessökonomie

Datum
Präsenzphase: 04.01.2021-06.01.21

Name, Vorname: Bohn, Elisabeth

Studienort: **Düsseldorf**

Semester: **WS/2019/20**

Inhaltsverzeichnis

1   DIAGNOSE 3

1.1   Allgemeine und biometrische Daten 3

1.2   Leistungsdiagnostik/Ausdauertestung.. 5
    1.2.1   Auswahlverfahren... 5
    1.2.2   Durchführung.. 5

1.3   Gesundheits- und Leistungsstatus der Person 6

2   ZIELSETZUNG/PROGNOSE..7

3   TRAININGSPLANUNG MESOZYKLUS 8

3.1   Grobplanung Mesozyklus 8

3.2   Detailplanung Mesozyklus 8

3.3   Begründung zum Mesozyklus... 9

4   LITERATURRECHERCHE: EFFEKTE DES AUSDAUERTRAININGS BEI
ÜBERGEWICHT/ADIPOSITAS 12

5   LITERATURVERZEICHNIS 14

6   TABELLENVERZEICHNIS 15

1 Diagnose

Als Basis für einen guten Trainingsplan, müssen zunächst einige wichtige Daten über den Kunden ermittelt werden. Durch die Erhebung von allgemeinen und biometrischen Daten kann sich der Trainer ein detailliertes Bild über den Gesundheitszustand des Kunden machen und darauf basierend alle wichtigen Entscheidungen in Hinsicht der Trainingsplanung fällen.

1.1 Allgemeine und biometrische Daten

Im Folgenden werden die in der Diagnose ermittelten allgemeinen und biometrischen Daten tabellarisch dargestellt.

Tabelle 1: Allgemeine Daten

Alter	22
Geschlecht	männlich
Körpergröße	185cm
Körpergewicht	90kg
Trainingsmotive	Gewichtsreduktion, Verbessertes Wohlbefinden, Ausgleich neben dem Studium
Berufliche Tätigkeit	Student
Aktuelle sportliche Aktivitäten	keine
Frühere sportliche Aktivitäten	Unregelmäßiges und planloses Krafttraining im Fitnessstudio
Zeitlicher Verfügungsrahmen	3x pro Woche

Tabelle 2: Biometrische Daten und Daten zum Gesundheitszustand

Blutdruck	132mmHg/86mmHg
Ruhepuls	75 Schläge/Minute
Körperfettanteil	22%
BMI	26,9
Ärztliche Behandlungen	keine
Einnahme von Medikamenten	keine
Sonstige gesundheitliche Einschränkungen	keine
Orthopädische/internistische Probleme	keine

Tabelle 3: Beurteilung des Body-Mass-Indexes für Erwachsene (World Health Organization, 2000)

Klasse	BMI (kg/m2)
Untergewicht	<18,5
Normalgewicht	18,5-24,9
Übergewicht	25,0-29,9
Adipositas Grad I	30,0-34,9
Adipositas Grad II	25,0-39,9
Adipositas Grad III	>40

Tabelle 4: Klassifikation des Körperfettanteils (KFA) für erwachsene Frauen und Männer bis 79 Jahre (modifiziert nach Gallagher et al., 2000)

Alter (Jahre)	KFA Frauen				KFA Männer			
	niedrig	normal	hoch	sehr hoch	niedrig	normal	hoch	sehr hoch
20-39	<21%	21-33%	33-39%	≥39%	<8%	8-20%	20-25%	≥25%
40-59	<23%	23-34%	34-40%	≥40%	<11%	11-22%	22-28%	≥28%
60-79	<24%	24-36%	36-42%	≥42%	<13%	13-25%	25-30%	≥30%

Tabelle 5: Blutdruckklassifikation der American Heart Association (modifiziert nach Mancia et al., 2013)

Bewertungsstufen	Systolischer Blutdruck	Diastolischer Blutdruck
Normblutdruck (Normotonie)		
Optimal	<120mmHg	<00mmHg
Normal	<130mmHg	<85mmHg
Hochnormal	130-139mmHg	85-89mmHg
Bluthochdruck (Arterielle Hypertonie)		
Stufe 1	140-159mmHg	90-99mmHg
Stufe 2	160-179mmHg	100-109mmHg
Stufe 3	>180mmHg	>110mmHg

Die biometrischen Daten des Kunden lassen sich folgendermaßen bewerten: Sein Blutdruck liegt mit 132mmHg/86mmHg im hochnormalen Bereich. Dies entspricht noch dem Normblutdruck, laut der American-Heart-Association wäre jedoch ein Blutdruck von <120mmHg/<80mmHg optimal (vgl. Tabelle 5). Seinem BMI nach zu urteilen ist er übergewichtig (vgl. Tabelle 3) und er hat außerdem einen für sein Alter hohen Körperfettanteil (vgl. Tabelle 4). Im Durchschnitt liegt der Ruhepuls bei 60-80 Schlägen pro Minute, bei Männern etwas niedriger und bei Frauen etwas höher (>70 Schläge pro Minute) (Weineck, 2003, S.50). Der Ruhepuls des Kunden ist demnach durchschnittlich, aber tendenziell eher zu hoch. Es gibt ansonsten keine weiteren relevanten biometrischen Daten.

1.2 Leistungsdiagnostik/Ausdauertestung

Um den aktuellen Leistungszustand des Kunden anhand von alters- und geschlechtsspezifischen Normwerten beurteilen zu können (intcrindividueller Leistungsvergleich), und darauf basierend die optimalen Trainingsintensitäten ableiten zu können, folgt auf die Diagnose ein Ausdauertest. Später kann die Leistungsentwicklung des Kunden mithilfe von Re-Tests verfolgt werden (intraindividueller Leistungsvergleich).

1.2.1 Auswahlverfahren

Für den Kunden wurde der WHO-Test auf dem Fahrradergometer ausgewählt, da er für übergewichtige Personen geeignet ist. Dieser Stufentest im submaximalen Intensitätsbereich hat den Vorteil, dass Rückschlüsse über die Ausdauerleistungsfähigkeit gezogen werden können, unabhängig von der Motivation der Testperson und der Gefahr einer Überlastung. Das Fahrradergometer stellt ein ideales Testgerät dar, da es eine exakte Dosierung und die Ableitung der Herzfrequenz und gegebenenfalls des Blutdrucks ermöglicht. Zudem ist es koordinativ anspruchslos und es besteht dementsprechend kaum Gefahr vor Verletzungen und Fehlbelastungen.

1.2.2 Durchführung

Zuerst muss als Abbruchkriterium die Pulsobergrenze festgelegt werden. Mithilfe der Formel der WHO (180 - Lebensalter) wird für den Kunden der Wert 158 bestimmt.
Die Eingangsbelastung des Tests beträgt 25 Watt und die Umdrehungszahl 60-80U/Minute. Jede Minute wird der Puls der Testperson gemessen und protokolliert. Alle 2 Minuten wird die Belastung um weitere 25 Watt gesteigert, bis die vorher definierte Pulsobergrenze erreicht ist. Erst nach vollständigem Durchfahren der letzten Belastungsstufe wird der Test beendet. Die Wattleistung dieser letzten 2 Minuten wird als Testgröße verwendet und mit den geschlechts- und altersspezifischen Normwerten der Testperson verglichen.

Tabelle 6: Testverlauf des submaximalen Stufentests nach dem Belastungsschema der WHO

Belastungsstufe	Zeit in Minuten	Herzfrequenz
25 Watt	1	122 S/min
	2	126 S/min
50 Watt	3	130 S/min
	4	134 S/min
75 Watt	5	137 S/min
	6	140 S/min
100 Watt	7	143 S/min
	8	146 S/min
125 Watt	9	150 S/min
	10	154 S/min
150 Watt	11	158 S/min
	12	161 S/min

Aus den Testergebnissen lässt sich Folgendes ablesen: Es wurden innerhalb von 12 Minuten insgesamt 6 Belastungsstufen durchfahren. Nach der elften Minute hat die Testperson das Abbruchkriterium bei ca. 137,5 Watt erreicht. Die daraus errechnete Wattleistung von 1,53 Watt/kg ist im Vergleich zu den Normwerten sehr schlecht. Nach IPN (2004, S.8) liegt der Durchschnitt bei Männern im Alter von unter 30 Jahren bei 2,00-2,49 Watt/kg.

1.3 Gesundheits- und Leistungsstatus der Person

Aus den in der Diagnose gesammelten Information kann man entnehmen, dass der Leistungs- und Gesundheitsstatus des Kunden unzureichend ist. Im Vergleich zu anderen Männern seines Alters ist seine Ausdauerleistungsfähigkeit weit unterdurchschnittlich. Er ist bereits im Alter von 22 Jahren übergewichtig und hat einen hohen Körperfettanteil. Seine Puls- und Blutdruckwerte sind nicht optimal, jedoch noch im normalen Bereich. Ein gesundheitsorientiertes und präventives Ausdauertraining ist daher sehr zu empfehlen. Da der Kunde noch jung ist und sein Gesundheitszustand im Großen und Ganzen in Ordnung ist, ist er ausreichend belastbar, um in das Training einzusteigen.

2 Zielsetzung/Prognose

Tabelle 7: Zielsetzung auf Basis der Diagnosedaten

	Ziel 1	Ziel 2	Ziel 3
Inhalt	Verbesserung des Herz-Kreislaufsystems.	Gewichtsreduktion	Senkung des Stressempfindens
Ausmaß	Blutdrucksenkung Soll-Wert: <130mmHg systolisch, <85mmHg diastolisch	5kg	Auf einer subjektiven Skala von 1-10 Ist-Wert: 8 Soll-Wert: 5
Zeit	12 Wochen	10 Wochen	12 Wochen

Die Ziele, welche Kunde und Trainer gemeinsam erarbeitet haben, sind zunächst einmal an die während der Diagnose vom Kunden formulierten Trainingsmotive angepasst. Der Kunde möchte sein Gewicht reduzieren und erhofft, sich durch das Training einen Ausgleich neben dem Studium zu finden, durch den sich sein Stress vermindert und sich infolgedessen sein allgemeines Wohlbefinden verbessert. Die Angaben zu Ausmaß und Zeit von Ziel 3 (vgl. Tabelle 7) sind Pauschalangaben, da es sich um subjektiv zubeurteilende Ergebnisse handelt. Da er neben einem hohen Körperfettanteil auch keine optimalen Blutdruck- und Pulswerte aufweist, war es dem Trainer wichtig, auch ein gesundheitsbezogenes Ziel zu setzen. Angestrebt ist die Verbesserung des Herz-Kreislauf-Systems durch eine Blutdrucksenkung, zunächst in den normalen Bereich. Um innerhalb von 10 Wochen 5kg abzunehmen, muss der Kunde jede Woche 0,5kg verlieren. Kombiniert mit der richtigen Ernährungsumstellung, sind alle Ziele realistisch.

3 Trainingsplanung Mesozyklus

3.1 Grobplanung Mesozyklus

Tabelle 8: Grobplanung Mesozyklus

Dauer	8 Wochen
Trainingsziele	Aufbau der Grundlagenausdauer (GA1)
Belastungsumfang/Woche	45-125min
Trainingsmethoden	Extensive Dauermethode
	Variable Dauermethode
Trainingsintensitäten	60-75%HFmax (Extensive Dauermethode)
	75-85%HFmax (Variable Dauermethode)
Trainingshäufigkeit/Woche	3x
Dauer/Trainingseinheit	15-50min (extensive Dauermethode)
	30min (variable Dauermethode)
Trainingsgeräte	Fahrradergometer
	Laufband (Walking mit Armeinsatz)

3.2 Detailplanung Mesozyklus

Tabelle 9: Detailplanung Mesozyklus

Woche	Montag	Mittwoch	Freitag
1 Umfang: ca. 45min	Anfängertraining Extensive Dauermethode 15min Fahrrad 60-65%HFmax Puls: 107-116S/min	Anfängertraining Extensive Dauermethode 15min Fahrrad 60-65%HFmax Puls: 107-116S/min	Anfängertraining Extensive Dauerme- thode 15 min Fahrrad 60-65%HFmax Puls: 107-116S/min
2 Umfang: ca. 60min	Anfängertraining Extensive Dauermethode 60-65%HFmax 20min Fahrrad Puls: 107-116S/min	Anfängertraining Extensive Dauermethode 60-65%HFmax 20min Fahrrad Puls: 107-116S/min	Anfängertraining Extensive Dauerme- thode 60-65%HFmax 20min Fahrrad Puls: 107-116S/min
3 Umfang: ca. 80min	Anfängertraining Extensive Dauermethode 25min Fahrrad 60-65%HFmax Puls: 107-116S/min	Anfängertraining Extensive Dauermethode 25min Fahrrad 60-65%HFmax Puls: 107-116S/min	Anfängertraining Extensive Dauerme- thode 30min Fahrrad 60-65%HFmax Puls: 107-116S/min

Tabelle 10: Fortsetzung von Tabelle 9: Detailplanung Mesozyklus

4	Einführung in das Walking	Aufbau GA1	Aufbau GA1
Umfang: ca. 95min	Extensive Dauermethode	Extensive Dauermethode	Extensive Dauermethode
	25min Walking	35min Fahrrad	35min Fahrrad
	60-65%HFmax	60-65%HFmax	60-65%HFmax
	Puls: 119-129S/min	Puls: 107-116S/min	Puls: 107-116S/min
5	Aufbau GA1	Aufbau GA1	Aufbau GA1
Umfang: ca. 110min	Extensive Dauermethode	Extensive Dauermethode	Extensive Dauermethode
	30min Walking	40min Fahrrad	40min Fahrrad
	60-65%HFmax	60-65%HFmax	60-65%HFmax
	Puls: 119-129S/min	Puls: 107-116S/min	Puls: 107-116S/min
6	Aufbau GA1	Aufbau GA1	Aufbau GA1
Umfang: ca. 90min	Extensive Dauermethode	Extensive Dauermethode	Extensive Dauermethode
	20min Walking	45min Fahrrad	25min Walking
	70-75%HFmax	60-65%HFmax	65-70%HFmax
	Puls: 139-148S/min	Puls: 107-116S/min	Puls: 129-139S/min
7	Aufbau GA1	Aufbau GA1	Aufbau GA1
Umfang: ca. 105min	Extensive Dauermethode	Extensive Dauermethode	Extensive Dauermethode
	25 min Walking	50min Fahrrad	30min Walking
	70-75%HFmax	60-65%HFmax	65-70%HFmax
	Puls: 139-148S/min	Puls: 107-116S/min	Puls: 129-139S/min
8	Aufbau GA1	Umstellung und Gewöhnung an höhere Intensitäten	Aufbau GA1
Umfang: ca. 125min	Extensive Dauermethode		Extensive Dauermethode
	30min Walking	Variable Dauermethode	50min Fahrrad
	70-75%HFmax	30min Walking	60-65%HFmax
	Puls: 139-148S/min	65-85%HFmax	Puls: 107-116S/min
		65-75% extensiv, 75-85% intensiv (5:5)	
		Puls: 129-168S/min	

3.3 Begründung zum Mesozyklus

Zumal das Leistungsniveau des Kunden sehr schlecht ist, ist das übergeordnete Ziel des Mesozyklus (MZ) zunächst die Entwicklung der Grundlagenausdauer 1 (GA1). Hierbei geht es um die „Entwicklung und Stabilisierung der Grundlagenausdauerfähigkeit und Vorbereitung der Verträglichkeit intensiver Belastungen" (Hottenrott & Neumann, 2016, S.132). Zum Erreichen dieses Ziels werden die extensive und variable Dauermethode angewandt. Bei beiden Methoden ist die Belastung konstant (Olivier, Marshall & Büsch, 2008, S.158-162). Die extensive Dauermethode dient als Basismethode und ist durch Beanspruchungen im Bereich der aeroben Schwelle und des aerob-anaeroben Übergangs gekennzeichnet (Olivier, Marshall & Büsch, 2008, S.158). Die Belastungsintensität der extensiven Dauermethode liegt bei 60-80% der maximalen Herzfrequenz (HFmax) (Hottenrott & Neumann, 2008, S.111). Trainingseffekte, welche mit dieser Methode erzielt werden, sind die Ausprägung einer Grundlagenausdauer und damit einhergehend verbesserte Leistungsfähigkeit bei aerober Beanspruchung (Hottenrott & Neumann, 2014, S.186). In der letzten Woche kommt die variable Dauermethode zum Einsatz. Diese Methode beinhaltet einen planmäßigen Wechsel unterschiedlicher Stoffwechselbeanspruchungen (Dransmann, 2020, S.50). Es wird „im Bereich der aeroben Schwelle bis zur anaeroben Schwelle" trainiert (Olivier, Marshall & Büsch, 2008, S.161). Abwechselnd werden Intensitäten der extensiven und intensiven Dauermethode angewandt. Das entspricht Intensitäten von bis zu 90% der HFmax (Hottenrott & Neumann, 2008, S.111). Auf diese Weise soll der Trainierende an höhere Intensitäten für den weiteren Verlauf seiner Trainingsplanung vorbereitet werden.

Nach dem Trainingsprinzip der Kontinuität muss der Körper regelmäßig belastet werden, wenn eine Verbesserung der Leistungsfähigkeit erzielt werden soll. „Da die Resynthese der Energiespeicher spätestens nach drei Tagen abgeschlossen ist, sollte mindestens alle vier Tage eine Belastung erfolgen" (Dransmann, 2020, S.30). Demnach ist der vom Kunden in der Anamnese angegebene, zeitliche Verfügungsrahmen von drei Einheiten pro Woche optimal (vgl. Tabelle 1). Hottenrott und Neumann (2014, S.134) zufolge sind im Gesundheitssport zwei bis fünf Trainingseinheiten pro Woche üblich. „Nach einer Belastung ist eine bestimmte Erholungs- bzw. Regenerationszeit notwendig, damit im Organismus die Anpassungsprozesse ablaufen können" (Dransmann, 2020, S.29). Deshalb wurde nach jeder Trainingseinheit eine 1-2-tägige Pause eingebaut.

Der Trainierende beginnt auf Grund seines Leistungszustandes mit einer Trainingsdauer von 15 Minuten bei einer Intensität von 60-65% (HFmax). Nach Eisenhut & Zintl (2013, S.17-18) liegt diese Intensität über der trainingswirksamen Schwelle, welche überschritten werden muss, um Anpassungen zu bewirken (Prinzip des trainingswirksamen Reizes). Die konkreten Trainingsherzfrequenzen wurden mittels der Formel des American College of Sports Medicine (ACSM) individuell für den Kunden berechnet (ACSM, 2006a, S. 341). Nach dem Prinzip der progressiven Belastungssteigerung wird zuerst der Umfang der Trainingseinheiten von Woche zu Woche um 5-10 Minuten gesteigert. Synchron dazu steigert sich der Gesamtumfang der jeweiligen Woche. Die Belastung muss mit der Zunahme der Leistungsfähigkeit regelmäßig gesteigert werden, um fortlaufend Anpassungen des Körpers zu stimulieren (Dransmann, 2020, S.28). Sobald der Trainierende mindestens 40 Minuten kontinuierliche Belastung durchhalten kann, wird die Trainingsintensität schrittweise gesteigert. Ab der fünften Woche soll eine Trainingseinheit mit der Intensität von 70-75% der HFmax absolviert werden und ab der sechsten Woche wird auch die Intensität der dritten Trainingseinheit erhöht (auf 65-70% HFmax). Um den Kunden nicht zu überfordern, wird die Belastungsdauer dieser Einheiten erst angepasst, im weiteren Verlauf aber wieder kontinuierlich verlängert. In der letzten Woche des MZ wird die Intensität mit dem Methodenwechsel zur variablen Dauermethode bis auf 85% der HFmax (in den intensiven Belastungsphasen) erhöht. Die Einführung der neuen Methode und der Intensitätswechsel entsprechen dem Prinzip der variierenden Belastung des Ausdauertrainings und sollen Leistungsstagnation verhindern, welche oftmals die Folge von eintönigem Training ist (Eisenhut & Zintl, 2013, S.19).

Der Kunde beginnt sein Training auf dem Fahrradergometer. Es ist leicht zu bedienen und die Intensitäten sind gut dosierbar. Außerdem bietet das Fahrrad eine optimale Möglichkeit den Leistungsstatus des Kunden regelmäßig, in Form von Re-Tests, zu überprüfen.

Um das Training abwechslungsreich zu gestalten, wird der Kunde ab der vierten Woche in das Walking auf dem Laufband eingeführt. Das Walking ist für Untrainierte und Übergewichtige gut geeignet, da es auf Grund der fehlenden Flugphase gelenkschonend ist. Die Beteiligung vieler Muskelgruppen durch den aktiven Armeinsatz (Schwarz, Schwarz, Urhausen & Kindermann, 2002, S.292) führt zu erhöhtem Kalorienumsatz. Man oxidiert nachweislich mehr Fett beim Walking als auf dem Fahrradergometer (Achten, Venables & Jeukendrup, 2003, S.747-752), weshalb das Laufband, in Hinblick auf das Ziel des Kunden sein Gewicht zu reduzieren, mehr Platz in der Trainingsplanung einnimmt.

4 Literaturrecherche: Effekte des Ausdauertrainings bei Übergewicht/Adipositas

Tabelle 11: Literaturrecherche 1

Titel der Studie	Effect of High-Intensity Interval Training on Fitness, Fat Mass and Cardiometabolic Biomarkers in Children with Obesity: A Randomised Controlled Trial
Wer hat die Studie durchgeführt?	Dias, K. A., Ingul, C. B., Tjonna, A. E., Keating, S. E., Gomersall, S. R., Follestad, T., Hosseini, M. S., Hollekim-Strand, S. M., Ro, T. B., Haram, M., Huuse, E., Davies, P. S. W., Cain, P. A., Leong, G. M. & Coombes, J. S.
In welchem Jahr wurde die Studie publiziert?	2017
Welche Forschungsfrage wurde untersucht?	Es wurde untersucht, inwieweit sich ein 12-wöchiges HIIT-Programm positiv auf die Cardio-Fitness und Fettleibigkeit von Kindern auswirken kann.
Mit welchen Versuchspersonen wurde die Studie durchgeführt?	Versuchspersonen waren 99 fettleibige Kinder im Alter von 7-16 Jahren.
Wie sah der Versuchsaufbau der Studie aus?	Die Kinder wurden in drei Gruppen aufgeteilt; 33 der Kinder erhielten ein HIIT-Programm und 32 ein kontinuierliches Training mittlerer Intensität (44 Minuten bei 60-70% HFmax). Das HIIT-Programm fand 3 mal pro Woche statt und bestand aus 4 Intervallen mit der Intensität 85-95% HFmax, durchsetzt von dreiminütigen aktiven Pausen mit der Intensität von 50-70% HFmax. Die Kontrollgruppe (34 der Kinder) erhielten kein Trainingsprogramm. Alle Gruppen erhielten eine Ernährungsberatung. Vor und nach der Studie machten alle Kinder einen Ausdauertest (quantifiziert durch die VO2max), um ihre Ausdauer vergleichen zu können und ihre Adipositas wurde mittels eines MRTs bewertet.
Welche relevanten Ergebnisse und Schlussfolgerungen lieferte die Studie?	Die VO2max verbesserte sich signifikant im Vergleich zu der Gruppe mit dem kontinuierlichen Ausdauertraining und der Kontrollgruppe. In Hinsicht auf das Übergewicht waren keine signifikanten Unterschiede erkennbar. Aus den Ergebnissen lässt sich schließen, dass das Training zwar keinen sichtbaren Effekt auf Adipositas hatte, jedoch die Cardio-Fitness der Kinder effektiv gesteigert hat, weshalb ein solches Training bei übergewichtigen Kindern durchaus zu empfehlen ist.

Tabelle 12: Literaturrecherche 2

Titel	Effekte eines hoch- moderat-intensiven Intervallaus-dauertrainings auf das kardiometabolische Risikoprofil von Adipösen mit erhöhtem Risiko für das Metaboli-sche Syndrom: Vorläufige Ergebnisse einer randomi-siert-kontrollierten Studie
Wer hat die Studie durchgeführt?	Reljic, D., Frenk, F., Herrmann, H. J., Neurath, M. F. & Zopf, Y.
In welchem Jahr wurde die Studie publiziert?	2019
Welche Forschungsfrage wurde untersucht?	In der Studie sollten die Auswirkungen eines modera-ten Intervalltrainings (MIIT) im Vergleich zu einem in-tensiven Intervalltraining (HIIT) auf die kardiometaboli-schen Risikoprofile von fettleibigen Menschen ermittelt werden.
Mit welchen Versuchspersonen wurde die Stu-die durchgeführt?	Es nahmen insgesamt 44 fettleibige Frauen und Män-ner mit zwei oder mehr kardiometabolischen Risikofak-toren teil.
Wie sah der Versuchsaufbau der Studie aus?	Die Teilnehmer wurden nach dem Zufallsprinzip in eine Kontrollgruppe und zwei Trainingsgruppen aufgeteilt; eine MIIT und eine HIIT Gruppe. Alle Gruppen sollten ein Kaloriendefizit von 500kcal pro Woche erreichen und erhielten dafür eine Ernährungsberatung. Das Ausdauerprogramm wurde zweimal wöchentlich auf dem Fahrrad ausgeführt. Das HIIT bestand aus 5x1 Mi-nute bei 85-90% der maximalen Herzfrequenz (HFmax) und das MIIT aus 5x1 Minute bei 70-80% der HFmax. Gemessen wurden am Ende Werte wie die maximale Sauerstoffaufnahme, der Taillenumfang, Blutdruck und LDL-Cholesterin.
Welche relevanten Ergebnisse und Schlussfol-gerungen lieferte die Studie?	Bei allen drei Gruppen zeigte sich ein signifikanter Ge-wichtsverlust. Die Risikofaktoren verbesserten sich nur bei den Trainingsgruppen und waren bei der HIIT Gruppe am besten. Im Hinblick auf die Untersuchungs-frage lässt sich schlussfolgern, dass man bereits durch MIIT gute klinische Effekte erzielen kann, intensiveres Training jedoch schneller zum Erfolg führt.

5   Literaturverzeichnis

Achten, J., Venables, M. C. & Jeukendrup, A. E. (2003). Fatoxidation rates are higher during running compared with cycling over a wide range of intensities Metabolism. *Clinical and experimental, 52* (6), 747-752.

American College of Sports Medicine. (2006a). *ACSM's Guidelines for exercise testing and prescriptions. ACSM's Guidelines for exercise testing and prescriptions* (7. Aufl.). Philadelphia: Williams & Wilkins.

Dias, K. A., Ingul, C. B., Tjonna, A. E., Keating, S. E., Gomersall, S. R., Follestad, T. et al., (2017). Effect of High-Intensity Interval Training on Fitness, Fat Mass and Cardiometabolic Biomarkers in Children with Obesity: A Randomised Controlled Trial. *Sports Medicine, 48*, 733-746.

Dransmann, M. (2020). *Hochintensives Intervalltraining vs. extensive Dauermethode: Feldstudie zum ausdauernden Laufen im Sportunterricht.* Bielefeld: Springer.

Eisenhut, A. & Zintl, F. (2013). *Ausdauertraining: Grundlagen, Methoden, Trainingssteuerung* (8. Aufl.). München: BLV.

Gallagher, D., Heymsfield, S. B., Heo, M., Jebb, S. A., Murgatroyd, P. R. & Sakamoto, Y. (2000). Healthy percentage body fat ranges: an approach for developing guidelines based on body mass index. *American Journal of Clinical Nutrition, 72* (3), 694-701.

Hottenrott, K. & Neumann, G. (2008). *Methodik des Ausdauertrainings.* Schorndorf: Hoffmann.

Hottenrott, K. & Neumann, G. (2014). *Trainingswissenschaft. Ein Lehrbuch in 14 Lektionen* (2. Aufl.). Aachen: Meyer & Meyer.

Hottenrott, K. & Neumann, G. (2016). *Trainingswissenschaft. Ein Lehrbuch in 14 Lektionen* (3. erweiterte Aufl.). Aachen: Meyer & Meyer.

Institut für Prävention und Nachsorge. (2004). *IPN-Test – Ausdauertest für den Fitness- und Gesundheitssport.* Köln: Institut für Prävention und Nachsorge (IPN).

Mancia, G., Fagard, R., Narkiewicz, K., Redon, J., Zanchetti, A., Böhm, M. et al., (2013). ESH/ESC Guidelines for the management of arterial hypertension: the task force for the management of arterial hypertension of the European Society of Hypertension (ESH) and of the European Society of Cardiology (ESC). *Journal of hypertension, 31* (7), 1281-1357.

Olivier, N., Marshall, F. & Büsch, D. (2008). *Grundlagen der Trainingswissenschaft- und Lehre (Grundlagen der Sportwissenschaft).* Schorndorf: Hoffmann-Verlag

Reljic, D., Frenk, F., Herrmann, H. J., Neurath, M. F. & Zopf, Y. (2019). Effekte eines hoch- moderat-intensiven Intervallausdauertrainings auf das kardiometabolische Risikoprofil von Adipösen mit erhöhtem Risiko für das Metabolische Syndrom: Vorläufige Ergebnisse einer randomisiert-kontrollierten Studie. *Aktuelle Ernährungsmedizin, 44* (2), 137

Schwarz, M., Schwarz, L., Urhausen, A. & Kindermann, W. (2002). Walking. Deutsche Zeitschrift für Sportmedizin, 49 (10), 292

World Health Organization. (2000). Obesity: preventing and managing the global epidemic: report of a WHO consultation (WHO technical report series). Geneva: World Health Organization.

Weineck, J. (2003). Ausdauertraining. Trainingssteuerung über die Herzfrequenz und Milchsäurebestimmung. Balingen: Spitta.

6 Tabellenverzeichnis

Tabelle 1: Allgemeine Daten 3
Tabelle 2: Biometrische Daten und Daten zum Gesundheitszustand 3
Tabelle 3: Beurteilung des Body-Mass-Indexes für Erwachsene (World Health Organization, 2000)........ 4
Tabelle 4: Klassifikation des Körperfettanteils (KFA) für erwachsene Frauen und Männer bis 79 Jahre (modifiziert nach Gallagher et al., 2000) 4
Tabelle 5: Blutdruckklassifikation der American Heart Association (modifiziert nach Mancia et al., 2013) 4
Tabelle 6: Testverlauf des submaximalen Stufentests nach dem Belastungsschema der WHO.................. 6
Tabelle 7: Zielsetzung auf Basis der Diagnosedaten 7
Tabelle 8: Grobplanung Mesozyklus 8
Tabelle 9: Detailplanung Mesozyklus 8
Tabelle 10: Fortsetzung von Tabelle 9: Detailplanung Mesozyklus... 9
Tabelle 11: Literaturrecherche 1 12
Tabelle 12: Literaturrecherche 2 13